AF498379

HISTOIRE

DES

CHATEAUX DE CHAUVIGNY

PAR

F.-R. ARDILLAUX,

Ancien principal de collége, membre de la Société des
antiquaires de l'Ouest.

POITIERS
IMPRIMERIE DE A. DUPRÉ
RUE DE LA MAIRIE, 10

1865.

PRÉFACE.

—

La petite ville de Chauvigny et ses environs
offrent à l'antiquaire laborieux une mine féconde et
inépuisable de monuments précieux et de souvenirs
historiques les plus intéressants. Sur ce coin de terre
privilégié et malheureusement trop peu exploré
des archéologues, se sont accomplis les événements des principales périodes de notre histoire.

Les fondations du vieux donjon, attribuées à Caninius, lieutenant de César, rappellent la république
romaine. La route stratégique de Poitiers à Bourges,
tracée par Antonin le Pieux et restaurée par Auré-
lien, fait revivre l'âge d'or de la famille des Antonins.
La vallée des Goths nous fait assister au duel suprême
d'une puissance qui s'écroule contre un empire
qui s'élève, du schisme vaincu contre l'orthodoxie
triomphante. Le temple des Chevaliers, dont la
grande maîtrise était à Poitiers, et la Maladrerie,
sur la rive gauche de la Vienne, fondés l'un et
l'autre par André de Chauvigny, parent et com-
pagnon d'armes de Richard Cœur-de-Lion, roi
d'Angleterre, réveillent les souvenirs des croisades.
La belle colonne du château épiscopal, où les évêques ont laissé leur blason : la crosse et la croix,
nous transporte à l'époque ecclésiastique, et les

vieilles ruines des citadelles représentent la lutte séculaire contre l'Angleterre et les guerres religieuses, pendant lesquelles le maréchal de Saint-André, après avoir fait pendre le maire de la ville de Poitiers, vint bombarder les forteresses de Chauvigny et faire attacher au gibet quatorze des principaux chefs de la religion réformée.

HISTOIRE

DES

CHATEAUX DE CHAUVIGNY.

Vue des châteaux du haut de la Grondine.

Le touriste qui, des bords de la Gartempe, s'approche des rives de la Vienne, en suivant presque parallèlement la voie romaine, s'arrête, frappé d'admiration, en descendant la côte, où s'offre à ses regards le panorama le plus varié de la contrée. Sur cette terre qu'il presse de ses pas, Anglais et Français, catholiques et huguenots ont tour à tour braqué l'artillerie qui a foudroyé et démantelé les vieilles citadelles dont il reste des débris si nobles et si majestueux. Le nom de Grondine, quo porte encore le coteau, a laissé dans la mémoire des anciens du pays de lugubres souvenirs. Il rappelle les tristes épisodes de nos guerres religieuses et de la lutte centenaire contre les Anglais. La colline dont la pente est couverte de verts feuillages et celle où gisent les ruines des châteaux du vieux Chauvigny environnent un vallon délicieux que le Talbat sillonne de ses capricieux méandres. Après avoir formé, au pied du château épiscopal, un vaste bassin où l'édifice tout entier semble se mirer avec complaisance dans ses eaux transparentes, le ruisseau traverse la ville moderne par divers canaux et court mêler ses ondes cristallines aux flots argentés de la Vienne qui, dans le lointain, au bout de l'horizon, couronne ce charmant paysage.

Quels souvenirs réveillent ces vieux monuments ! Quelles réflexions profondes ils inspireront à l'historien philosophe qui évoquera la mémoire des temps passés ! Sur le sommet de la mansion romaine ont brillé les aigles impériales, aux créneaux des antiques forteresses ont été suspendus les étendards des Visigoths et des Francs ; sur les citadelles du moyen âge ont flotté tour à tour la bannière des sires de **Chauvigny**, les lis des rois de **France**, les léopards de l'**Angleterre** et la croix avec la crosse pastorale des évêques. Malgré les injures du temps et les outrages des hommes, ces ruines conservent encore l'empreinte et le caractère des âges auxquels elles appartiennent.

Esquisse de la cour des seigneurs.

Ces lieux, aujourd'hui solitaires, où l'orfraie pendant la nuit et l'oiseau de proie pendant le jour font entendre leurs cris lugubres, ne respiraient que la joie, la vie et le mouvement aux époques féodales et ecclésiastiques. Ces seigneurs de Chauvigny, parents par alliance des rois d'Angleterre, et ces chevaliers qui avaient rapporté des croisades la belle devise : « Chauvigny, chevaliers pleuvent. » et les châtelaines, et les damoiselles de leur cour qu'animait la gaie science des ménestrels et des trouvères, remplissaient d'animation les salles et les plates-formes des châteaux. Souvent de brillants cavaliers, montés sur de fougueux destriers, et des dames aux riches atours, dont les blanches haquenées étaient conduites par de jeunes pages, gravissaient les rampes de la colline. Au son bruyant du cor, le pont-levis s'abaissait pour leur laisser un libre passage, et le châtelain et sa noble compagne d'aller au devant des voyageurs pour leur faire un accueil plein de grâce et de courtoisie. Puis c'étaient de gais festins, de joyeux propos ; les coupes circulaient sur les tables splendidement servies, et, les douces vapeurs d'un vin généreux échauffant l'imagination, on racontait les exploits des guerriers, les scènes de valeur et les hauts faits des chevaliers. Le lendemain, la troupe joyeuse allait courre le cerf dans la forêt voisine. Le son strident des cors, les clameurs multipliées des limiers, la voix retentissante des piqueurs, les hennissements prolongés et les pas précipités des coursiers que répétaient les échos d'alentour remplissaient les airs d'une sauvage et bruyante harmonie.

Et de l'arrivée des évêques.

Mais voici venir Monseigneur de Poitiers, le successeur des sires de Chauvigny, le haut et puissant baron de la contrée. Il visite ses bien-aimés vassaux. Les cloches émues frappent les airs de leurs voix argentines et sonores. Et le capitaine-chanoine avec ses hommes d'armes, et les templiers, ces moines-soldats dont le temple était assis sur le penchant occidental de la colline (1), et le chapitre collégial de Saint-Pierre, et les monastères des deux villes, et les pasteurs des églises voisines, en tête de leur troupeau fidèle rangé en ordre sous la bannière du saint de la paroisse, se rendent processionnellement à l'entrée du vieux pont de la Vienne. La foule, profondément recueillie et pieusement agenouillée, reçoit la bénédiction sainte du prélat, puis, se mettant en marche sur deux longues colonnes, elle l'accompagne, en chantant l'*hosanna*, jusqu'à la plate-forme du château épiscopal.

Donjon.

Sur le point le plus élevé de la colline se dresse cette tour imposante qui, dans le moyen âge, a reçu le nom de donjon. L'origine de ce vieux monument remonte aux temps reculés de l'occupation romaine. Sans attribuer, comme l'ont fait quelques savants archéologues, cette construction à Caninius, lieutenant de César chez les Pictons, on peut, avec assez de vraisemblance, lui assigner une origine un peu plus récente. Appuyé sur les monuments et les inscriptions historiques, restés longtemps sur les bords de la Vienne et transportés au musée de la ville de Poitiers, on peut croire avec raison que cette forteresse a été bâtie sous les Antonins, dont le règne fut appelé l'âge d'or de l'empire, à la même époque où fut tracée la route stratégique de Bordeaux à Autun (2).

Voie romaine.

Cette voie romaine traversait la Vienne, un peu en aval de la petite église qui élève si gracieusement et si coquettement sa flèche d'ardoises dans le riant bassin qu'embellissaient d'élégantes villas gallo romaines. L'agriculture, honorée chez le peuple vainqueur et législateur de l'univers, avait parsemé le vallon de vergers délicieux où croissaient et se multipliaient les arbres fruitiers de toutes espèces apportés en ces lieux des diverses contrées de l'empire romain. Les fondements des anciennes villas et les briques romaines

(1) Dans la grange de la métairie des Puits, on voit encore les restes de l'habitation des Templiers.

(2) *Voir* dans les *Bulletins de la Société des antiquaires de l'Ouest,* 1er trimestre 1863, 1er trimestre 1864, l'*Étude de la voie romaine,* par l'auteur de l'*Histoire des châteaux de Chauvigny.*

qu'on trouve chaque jour, en fouillant le sol, indiquent qu'une population riche et nombreuse s'était agglomérée dans ce petit coin de terre que la nature semble avoir favorisé de ses dons les plus précieux. Un terrain fertile, des eaux abondantes, une température presque méridionale, entretenue par les collines qui s'élèvent en amphithéâtre, au couchant, au nord et à l'orient du vallon, un aqueduc découvert récemment, lorsqu'on a réparé la route de Chauvigny à Lussac-les-Châteaux, conduisant au pied du Corsain (*Corpus sanum*), dans un établissement de bains publics, et de là au lit du torrent de la vallée des Goths, les eaux pures et limpides du Talbat, au moyen d'un appareil hydraulique placé probablement à la source même de la fontaine, semblent indiquer que ces lieux privilégiés ont dû fixer la demeure d'un grand nombre de familles patriciennes de l'empire.

En sortant de ce bassin, la voie romaine entre dans la vallée des Goths, ainsi nommée parce que, d'après les légendes locales et les récits des vieilles chroniques, un grand nombre de Visigoths, échappés au massacre du vallon Vauclades (*Vallis Clades*), y furent tués par les Francs, au moment où ils couraient se réfugier dans la forteresse qui leur appartenait (1).

(1) Comme cette opinion trouve d'habiles et savants contradicteurs, il me paraît utile de la fortifier par quelques observations.

1° Les historiens ont appelé Vauclades (*Vallis Clades*), Désastre du vallon, et les habitants des bords de la Vienne ont nommé Civaux (*Cædis Vallis*), vallée du Carnage, le lieu où fut livré la sanglante bataille entre Alaric et Clovis, comme plus tard on a donné le nom de Maupertuis, Mauvais Pas, au terrain accidenté, couvert de vignes et de haies, où Jean II fut vaincu par le Prince Noir. Nous ne citerons les étymologies puériles : « *Hic valuit...* ici l'emporta Clovis sur Alaric ; » « Ci vaut autant qu'ailleurs. » que pour montrer que de tout temps on a été persuadé, dans la contrée, que Civaux avait été le champ de bataille entre les Francs et les Visigoths.

2° Les nombreuses pièces de monnaies et les anneaux de chevaliers trouvés en fouillant les champs des bords de la Vienne attestent que de grands événements se sont passés dans cette contrée.

3° Le nom de vallée des Goths, que porte encore aujourd'hui le vallon que traverse la voie romaine, auprès de St-Pierre-les-Églises, est un témoignage du passage des Visigoths dans ces lieux.

4° Les légendes du pays attribuent la multitude des tombeaux de Civaux à un miracle que fit le Dieu des catholiques pour exterminer les Ariens, et les paysans des bords de la Vienne distinguent, avec une foi très-robuste, dans le rocher de la Font-Chrétien, l'empreinte du fer du cheval de Clovis, comme les montagnards des Pyrénées montrent.

Mansion romaine.

Pour protéger la voie romaine, surtout au passage d'un gué assez difficile à traverser, un fort était indispensable. L'angle de la colline, environné presque de tous côtés par la Vienne et les marais formés alors par le Talbat, dut présenter les conditions les plus favorables à la construction d'une forteresse pour recevoir une garnison romaine et maintenir le pays dans l'obéissance. Elle servait de mansion et de station aux troupes impériales qui suivaient la route stratégique qu'on venait de créer.

Lorsque la vigie, du haut de la tour, avait donné le signal de quelque mouvement des peuples vaincus mais indomptés se manifestant dans les campagnes voisines, ou du passage d'une légion suivant la voie romaine, le son éclatant du clairon reveil-

dans un roc de la vallée de Roncevaux, la brèche que fit la Durandal de Roland, ce héros de l'immortel poëme de l'Arioste et des fables de l'archevêque Turpin.

Ces histoires ne sont pas renouvelées des Grecs, mais elles ont un grand air de famille avec la pluie de pierres que Josué fit tomber du ciel pour écraser les ennemis des enfants d'Israël, et le rocher d'Oreb. d'où la baguette de Moïse fit jaillir une source abondante.

5° La plupart des historiens, le père Routh, Siauve, Bouchet. Bourgeois, Robert du Dorat, etc., ont écrit que cette bataille a été livrée sur les bords de la Vienne. Un coup d'œil sur la carte géographique suffira pour montrer qu'Alaric, fuyant devant l'armée franque, et allant au-devant de son beau-père, Théodoric, roi d'Italie, qui accourait à son secours, n'avait pas d'autre route à suivre que celle qui conduisait au gué de Civaux, à quelques kilomètres en aval de Lussac-les-Châteaux.

6° Enfin, dans un titre que possédaient les chanoines du Dorat, pour prouver que leur église avait été fondée par Clovis pour remercier Dieu de la victoire qu'il avait remportée sur Alaric, il est dit :

Cùm ad quemdam locum, super ripam Vigennæ, à decimo milliare, seu circiter, à Pictavis civitate distantem perveniret cum militum bellatorumque suorum exercitu valdo, Alaricum ipsum diaboli à fraude deceptum vicit, superavit et funditùs exterminavit (1).

Traduction littérale : Clovis étant arrivé, avec sa vaillante armée de soldats et de guerriers, sur les bords de la Vienne, éloignés de dix milles ou environ de Poitiers, vainquit, terrassa, extermina entièrement Alaric lui-même, qu'avaient trompé les artifices du démon.

Je n'ignore pas qu'on a mis en doute l'authenticité de cette pièce, mais son existence plus ou moins apocryphe prouve du moins quelle était l'opinion publique à l'époque où elle a été composée.

(1) Robert du Dorat. vol 50, p. 155 et 505.

lait aussitôt les échos endormis des vallons et des forêts environ-
nantes. La garnison du fort courait aux armes, les enseignes se
déployaient, et autour de l'aigle romaine se groupaient les vété-
rans couverts d'armes qui reflétaient les rayons étincelants du
soleil. Le centurion s'avançait au-devant du consul, la légion était
introduite dans le fort ; elle y séjournait le temps nécessaire pour
réparer les forces épuisées par une marche longue et rapide, et
reprenait, le lendemain, la course un instant abandonnée.

Le château principal passe aux évêques.

Au pied du donjon, sur la pente méridionale de la colline, s'élèvent les murs du château principal, dont la construction remonte
à l'établissement des Visigoths ou des Francs. Jusqu'au milieu
du XI⁰ siècle, l'histoire est muette sur les châteaux de Chauvigny.
A cette époque, cette citadelle passe aux évêques de Poitiers. Est-ce
en qualité d'évêques, ou comme héritiers des sires de Chauvigny?
On l'ignore ; l'histoire ne s'explique point à cet égard. Dans ces
temps de confusion et d'anarchie, de barbarie et d'ignorance, les
lettres et les sciences sont méprisées ; les restes de la civilisation
romaine disparaissent ; les franchises, la liberté, la propriété de
l'homme du peuple sont anéanties ; la justice est foulée aux pieds ;
le droit du plus fort est la suprême loi ; la puissance royale est
méconnue ; la féodalité envahit tout : l'Église elle-même ne peut
se soustraire à ses empiétements. Les évêques deviennent de
grands seigneurs, et les barons obtiennent les premiers rangs dans
la hiérarchie ecclésiastique. Tout châtelain est indépendant et tient
sa petite cour à l'instar des rois. Les seigneurs fortifient et crénel-
lent leurs manoirs, d'où ils s'élancent pour fondre à l'improviste
sur les voyageurs qu'ils détroussent, et sur les terres de leurs voi-
sins, où ils portent le fer et la flamme. La guerre est continuelle de
château à château. Les hommes d'armes, depuis le haut baron jusqu'à
l'humble varlet, sont couverts de fer et les chevaux de bataille
bardés de lames d'acier. Ce n'est qu'embuscades, surprises, combats.
Peu de gentilshommes parviennent à la vieillesse ; presque tous
périssent de mort violente : la plupart des familles s'éteignent. Au
milieu de ce désordre général, le château de Chauvigny passe aux
évêques de Poitiers dans la personne d'Isembert Ier, probablement
en qualité d'héritier de la famille des Chauvigny, dont il pouvait

être membre. Cette opinion paraît très-vraisemblable, car, selon
l'historien des princes de Déols et de Châteauroux, villes transmises
aux sires de Chauvigny par le mariage d'André, le preux des preux,
avec Denise, cousine de Richard Cœur-de-Lion, roi d'Angleterre,
tous les enfants, dans la famille des Chauvigny, obtenaient un
apanage, et cette coutume s'observait si exactement, que les pères
mêmes ne pouvaient, par aucune disposition, porter atteinte à cette
prérogative (1).

Agrandissement du domaine des évêques.

Dès lors, Isembert et les évêques ses successeurs travaillent
incessamment à augmenter leur puissance temporelle. A la mort
d'André le Sourd et de son fils, la veille et le jour de la funeste
bataille de Maupertuis, et lors de l'extinction de la branche aînée
qui habitait Châteauroux, en 1502, ils deviennent, par des succes-
sions, des donations, des ventes et des échanges, les seuls et uni-
ques possesseurs des châteaux. Ils ont à Chauvigny des notaires
épiscopaux et gouvernent la contrée sous le nom de barons et de
hauts justiciers, jusqu'à la grande révolution qui, de son niveau
égalitaire, frappe impitoyablement et les droits seigneuriaux et les
priviléges ecclésiastiques (2).

(1) Thomas de la Thaumassière, *Dictionnaire des Familles du
Poitou.*
(2) Isembert Ier légua d'abord par une charte au couvent de Saint-
Cyprien de Poitiers, et ensuite à l'église du Saint-Sépulcre de Chauvigny, plus tard Saint-Just, aujourd'hui Notre-Dame, la plus grande
partie de son domaine d'Alié, avec la chapelle qui en dépendait, ainsi
que le Breuil et plusieurs vignes dans sa seigneurie de Chauvigny.
« Ego in Dei nomine trado ecclesiam quæ vocatur Aliacus, cum om-
» nibus appenditis suis, vineis, terris arabilibus, sylvis, pascuis, do-
» mibus, curtiferis et cæteris rebus. » Dom Fonteneau, vol. 6, p. 451.
Et dans une autre charte : « Brolium et vineas de Cascamento meo. »
Dom Fonteneau, vol. 6, p. 667.
C'est pour cette raison qu'Alié, quoique éloigné de cinq kilomètres de
l'église de Notre-Dame, et entouré de tous côtés par la commune et
la paroisse de Saint-Pierre-les-Églises, fait encore partie de la paroisse
de Notre Dame. Le Breuil, à quatre kilomètres de Chauvigny et au delà
de la Vienne, a continué d'appartenir à la commune de Chauvigny et
à la paroisse de Notre-Dame.
Une tradition populaire explique de la manière suivante la réunion
du village d'Alié à la paroisse de Notre Dame :
« Une maladie épidémique et contagieuse sévissait cruellement au
» village d'Alié. Le curé de la paroisse de Saint-Pierre-les-Églises fut

Fondation de Notre-Dame.

Mais, depuis l'époque où Isembert remplace les hauts et puissants barons de Chauvigny, et s'applique à embellir et à agrandir son nouvel héritage en jetant les fondements de l'église du Saint-Sépulcre, plus tard Saint-Just, aujourd'hui Notre-Dame, et en bâtissant la partie de la ville basse comprise entre les deux cours d'eau qui, en se séparant au pied de son château, formaient alors un delta, au moyen d'un canal creusé entre le pré Lévêque et l'ancienne place de Saint-Léger, des seigneurs de la même famille, sous le nom de sires, de chevaliers, de bannerets, d'écuyers et de varlets, possèdent les autres châteaux et s'allient aux maisons de Châteauroux, de Montmorillon, de Lussac-les-Châteaux, de Châtellerault, de Morthemer et de Lusignan, jusqu'en 1502, époque à laquelle finit la ligne masculine de l'illustre maison des Chauvigny, qui, pendant dix générations, posséda la principauté du bas Berry. Nous passerons sous silence une foule de noms obscurs, pour ne nous occuper que de ceux dont les actes intéressent l'histoire.

André Ier.

André Ier, chef de la branche des Chauvigny qui habita Châteauroux, fut un des plus vaillants chevaliers de l'armée des croisés. En 1190, il partit pour la terre sainte avec Philippe-Auguste, roi de France, Richard Cœur-de-Lion, roi d'Angleterre, et Frédéric Barberousse, empereur d'Allemagne, qui se noya dans les eaux du Cydnus en s'y baignant, comme autrefois Alexandre le Grand. A cause de sa valeur, il fut appelé le Preux des preux.

» vainement appelé auprès des mourants. La crainte de la mort l'empêcha de remplir les devoirs sacrés de son ministère. Un moine du » prieuré de Saint-Just ne fit pas difficulté d'exposer sa vie pour porter » à des chrétiens mourants les secours et la consolation de la religion. » L'évêque de Poitiers, pour récompenser le courage du moine et » punir la lâcheté du curé, annexa à l'église de Saint-Just le village » et la chapelle d'Alié, qui appartenaient auparavant à la paroisse » dans laquelle ils sont enclavés. »

Il est vraisemblable que cette fable, dont la moralité ne peut être contestée, a été imaginée, dans les loisirs du cloître, par un moine qui aura pris plaisir à glorifier le courage et le dévoûment de son monastère aux dépens du curé de Saint-Pierre-les-Églises.

Dans un tournoi, il eut la gloire de désarçonner le fameux Saladin. La lutte entre les deux héros fut longue et brillante. Elle fit l'admiration des chrétiens et des infidèles, rangés en bataille autour des deux combattants. L'honneur de la joute resta cependant au seigneur de Chauvigny. Mais un écuyer du soudan, jaloux de la gloire du chrétien et indigné du revers de son maître, frappa André d'un coup d'épée au talon. Blessé comme Achille, mais plus heureux que le héros de l'*Iliade*, le noble chevalier ne mourut pas de sa blessure. Néanmoins il resta boiteux, ce qui fut cause que, dans la suite, il porta le nom de Clop. Et l'on disait de ce guerrier, comme autrefois d'un illustre capitaine : « Chaque pas qu'il fait rappelle sa gloire. »

Dans une bataille contre les Sarrasins, il déploya tant de valeur, que les ennemis épouvantés prirent la fuite, en s'écriant : « Il » pleut des chevaliers. » A partir de cette époque, les seigneurs de Chauvigny ajoutèrent à leur blason cette devise : « Chauvigny, chevaliers pleuvent. » Leur écu portait en relief cinq fuseaux en pal, et le héros dont nous parlons avait cette légende :

S. ADRÉ DE CHAWIGNI CR. SIRE DE CHAST.R.

C'est-à-dire : seigneur André de Chauvigny, chrétien, sire de Châteauroux.

C'est à son retour des croisades que ce seigneur fit construire l'habitation des Templiers dont la grande maîtrise était à Poitiers, et la maladrerie pour servir d'asile aux croisés qui avaient rapporté la lèpre de la Palestine (1).

Guillaume.

Guillaume, fils d'André Iᵉʳ, suivit saint Louis en Égypte et se signala dans la sixième croisade. Au retour de cette expédition, il mourut à Palerme. Il avait épousé Agnès de Lusignan, fille de Hugues X et d'Isabelle, veuve de Jean Sans-Terre, roi d'Angleterre.

Godefroid.

Godefroid, ou Geofroy, figure comme souscripteur d'une charte donnée en 1199, par Aliénor, aux habitants de Poitiers. Il est pro

(1) *Histoire des évêques de Poitiers ; Dictionnaire des familles du Poitou ;* Thomas de la Thaumassière.

bablement le fondateur de l'église de Saint-Pierre-de-Chauvigny.

André.

André fut tué à la bataille de Maupertuis le 19 septembre 1356.
La veille, son fils avait perdu la vie dans une escarmouche. Un
autre sire de Chauvigny, dont Froissard ne dit pas le nom, fut fait
prisonnier (1).

(1) Je passe sous silence la bataille de Maupertuis, parce qu'elle ne
me paraît pas appartenir essentiellement à l'histoire des châteaux de
Chauvigny. Cependant je crois devoir présenter quelques observations
au sujet d'une note latine extraite d'un manuscrit auquel on donne
quelque importance. La voici avec la traduction littérale :

« Post pugnam infelicem Gallis contra Edouardum, principem An-
» glorum, reliquiæ exercitus gallici in castellum et urbem calvinien-
» sem recesserunt. Postera die, Angli circuitum urbis mæniaque
» circumdederunt. At rupto ponte lapideo urbis, Vigennam perexerunt
» prope capellam sancti Petri in agris. Tùm repentè Galli in ferrum An-
» glorum cum contemptu ruerunt. Raro in prælio tantum sanguinis
» fusum est. Angli victi, compulsi sunt fugere, sed intercluduntur
» per aciem Gallorum ad Australem regionem et pontem ruptum
» Vigennæ fluminis : undè ubiquè impedimentum iter hostium ; An-
» gli milites amissos humaverunt in prato quod nunc est propè eccle-
» siam Sancti Lodegarii. »

« Après la funeste bataille des Français contre Edouard, prince des
» Anglais , les restes de l'armée française se réfugièrent dans le châ-
» teau et la ville de Chauvigny. Le lendemain, les Anglais entourè-
» rent la ville et les remparts. Mais le pont en pierre de la ville ayant
» été rompu, ils traversèrent la Vienne auprès de la chapelle de Saint-
» Pierre-des-Champs. Alors les Français se précipitèrent tout à coup
» avec mépris sur les lances des Anglais. Rarement, dans un combat,
» il y eut autant de sang répandu. Les Anglais, vaincus, furent forcés
» de fuir ; mais, au midi, ils sont arrêtés par l'armée des Français et le
» pont rompu de la Vienne. De la, de toutes parts des obstacles pour
» s'ouvrir un passage. Les Anglais ensevelirent les soldats qu'ils avaient
» perdus, dans un pré qui est maintenant auprès de l'église Saint-
» Léger. »

1° Tous les historiens s'accordent à dire que l'armée anglaise, af-
faiblie par la victoire même, se hâta de gagner Bordeaux avec le roi de
France qu'elle avait fait prisonnier et le butin dont elle était chargée. Ils
ne vinrent donc pas à Chauvigny, où s'était réfugié le dauphin avec
16,000 hommes, débris de l'armée vaincue à Maupertuis.

2° Comment les ennemis pouvaient-ils entourer la ville et les remparts, lorsque le pont était rompu et que la Vienne était entre eux et
Chauvigny? Pourquoi les Français coupaient-ils le pont , lorsqu'ils
sortaient de leurs citadelles pour se précipiter avec mépris sur les
lances des Anglais qui, après avoir traversé la rivière, se développaient
dans une vaste prairie? Comment les Anglais, vaincus et entourés de

Guy.

Guy abandonna le parti des Anglais vers 1369, pour se mettre sous les ordres de du Guesclin qui l'arma chevalier.

André.

André, dernier de ce nom, ne fut pas moins brave que ses aïeux. Il suivit Charles VIII dans son expédition de Naples, et se signala à la fameuse bataille de Fornoüe, où sept à huit mille Français taillèrent en pièce trente mille Italiens. Il mourut l'an 1502, et, à sa mort, l'ample et opulente maison des Chauvigny fut partagée en plusieurs lambeaux. Il avait laissé quatre filles.

Château d'Harcourt.

A l'orient, le château d'Harcourt ou d'Harescot, devenu aujourd'hui la prison de la ville, appartenait aux vicomtes de Châtellerault par alliance avec la famille des Chauvigny. Après de longues luttes entre le capitaine-chanoine, qui tenait ses pouvoirs de l'évêque, et Louis d'Harcourt, un arrêt du parlement, en date de 1387, condamne Louis d'Harcourt à murer la porte de derrière de son château et à démolir le pont et la barrière qu'il avait fait élever. Le capitaine-chanoine reçut ordre de prêter serment à l'évêque ainsi qu'à Louis d'Harcourt, et de gouverner avec justice et impartialité les fiefs de l'évêque et ceux du vicomte. Enfin une ordonnance de Charles VII autorisa le vicomte à céder ses domaines de Chauvigny en échange de propriétés que possédait l'évêque aux environs de Châtellerault. Dès lors, le château d'Harcourt, annexé au château épiscopal, passe sous la domination ex-

toutes parts, enterraient-ils tranquillement leurs morts dans un pré, entre l'église de Saint-Léger et celle de Saint-Just, au centre même de la ville basse? Pourquoi n'étaient-ils pas égorgés ou faits prisonniers, puisqu'au midi étaient une armée victorieuse, au levant et au nord des forteresses et au couchant la Vienne qui, dans cet endroit, est large et profonde?

Poser de telles questions, c'est les résoudre. D'où il faut conclure que, à cette époque, il était plus facile de vaincre les Anglais avec la plume qu'avec l'épée.

Il m'est pénible, sans doute, d'enlever ce beau fleuron de la couronne de gloire de notre pays. Mais, avant tout, on se doit à la vérité.

« Amicus Plato, sed magis amica veritas. »

clusive du clergé et fait partie du domaine temporel des évêques (1).

Ce château a donné son nom à un des fiefs de la contrée. D'après
la tradition orale, les tenanciers du vignoble d'Harcourt étaient
obligés d'offrir, chaque année, au vicomte un roitelet et une paire
de gants blancs.

Tour de Flin. — Louis, bâtard de Chauvigny.

Sur le même plan, à l'orient de la forteresse d'Harcourt, apparaît
la tour de Flin. Ce nom est assez commun dans la contrée, parti-
culièrement sur les bords de la Vienne, où l'on trouve encore le
Petit-Flin et le Grand-Flin, qui dépendaient autrefois des châteaux
de Toufou et de Theil. Ce petit castel avait sans doute été donné à
un enfant illégitime d'un des sires de Chauvigny, car, dans l'écusson
sculpté sur le manteau de la cheminée de la grande salle, est un che-
vron brisé qui, d'après la science héraldique, est un indice d'origine
bâtarde. Ce qui rend cette opinion très-vraisemblable, c'est le rôle
brillant que remplit Louis, bâtard de Chauvigny, fils de **Guy Ier**,
dans le combat de cinq chevaliers français contre cinq chevaliers
anglais ; joute mémorable qui rappelle et le combat des Horaces
et des Curiaces de l'ancienne Rome, et le combat des Trente dans
lequel Beaumanoir, épuisé de fatigues et mourant de soif, but son
sang pour se désaltérer.

Les dix chevaliers, armés de toutes pièces et montés sur des
coursiers fougueux, se précipitent avec furie les uns contre les autres. Le choc est terrible ; les lances sont rompues ; sous les coups
portés et reçus, mille feux étincellent des cuirasses et des casques.
Mais l'adresse, la force des combattants et la bonne trempe des
armures préservent les guerriers de la mort. Epuisés, haletants,
ils suspendent le combat. L'honneur des deux nations est satisfait.
Les chevaliers se séparent pleins d'estime les uns pour les autres.
Dans cette lutte terrible, ce ne fut pas Louis qui se signala le moins
par sa valeur, car, quoique son coursier eût été tué sous lui par
Raymond, chevalier anglais, son adversaire, il ne fut pas cependant le premier à demander une suspension d'armes.

(1) Dom Fonteneau, v. 2, p. 143, 153, 211 ; v. 8, p. 591.

Redevances féodales.

Une charte du xive siècle nous apprend qu'Aiméry, probablement possesseur de ce petit castel, avec le titre modeste de varlet,
était tenu, envers le préposé de Monseigneur de Poitiers, « au de-
» voir d'un roussin de service. » A la vérité, il était amplement
dédommagé de cette vassalité par un droit seigneurial dont il devait
être bien fier, car nul mariage n'était célébré dans la petite paroisse
de Saint-Martial sans qu'un grand feu ne fût dressé dans la cheminée de la salle principale de la tour de Flin et qu'un des plus
beaux plats du festin ne fût offert par la mariée elle-même à l'heureux suzerain de ce petit manoir (1).

Saint-Pierre.

Auprès du donjon s'élève l'église de St-Pierre, bâtie dans le xii^e
siècle par Godefroid, sire de Chauvigny, dont le nom figure comme
souscripteur dans une charte de 1199 donnée par Éléonore aux
habitants de Poitiers. L'architecture romane et byzantine de cet
élégant édifice, moitié plein cintre et moitié ogival, et l'inscription
gravée sur une des colonnes de l'abside : « *Godefredus me fecit,* »
semblent ne laisser aucun doute à cet égard, à moins qu'on ne pré-
tende que ces mots : « Godefroid m'a fait, » ne désignent le sculp-
teur des figures gravées sur les piliers de l'autel. Le champ des
interprétations est vaste ; il est permis à chacun d'y faire des
écarts.

Château Mauléon.

Sur la plate-forme, au couchant de l'église de St-Pierre, était
autrefois le château Mauléon. Les ruines mêmes de cette forteresse
ont disparu. Elle fut détruite à l'époque où, dit Froissard, les
Anglais ardirent et exilèrent les villes et châteaux appartenant aux
Français. Savari de Mauléon est une preuve que les seigneurs de
Chauvigny ne se livraient pas exclusivement à la carrière des armes ;
ils cultivaient avec succès les arts, les sciences et les lettres Car

(1) Flin, *Flinius*, pierre de foudre, dont se servaient les armuriers
pour fourbir les armes. Cette tour a pu être nommée Flin, parce
qu'elle était devenue probablement l'arsenal des seigneurs de Chauvigny.

« Mauléon, dit Robert du Dorat, fut autant prudent, vaillant et
» renommé aux armes que amateur des gens doctes. Il recevait
» tous les poëtes de son temps, écrivant tant en latin, provençal,
» qu'autre langue vulgaire, et leur faisait de beaux cadeaux. Il
» était savant aux lettres et libéral. Il s'esnamaroucha d'une gen-
» tille femme de Provence, de la maison de Glandève, à la louange
» de laquelle il fit plusieurs belles chansons, en l'une desquelles se
» plaignant d'elle, il dit qu'il aurait plutôt ployé un gros arbre,
» entendant d'un chêne qui porte gland, faisant allusion à son
» nom, que le cœur d'elle. »

Ce seigneur guerrier-troubadour mourut au service du roi de
France, dans une expédition contre Raymond, comte de Tou-
louse (1).

Un auteur dont le nom est caché sous les voiles de l'anonyme
raconte à peu près de la manière suivante la destruction du château de Mauléon et le touchant épisode d'Aliénor et de Georges
Dandel :

Épisode d'Aliénor.

« Aliénor, fille de Guy, seigneur de Mauléon, la perle des dames
» de la contrée, était aussi remarquable par ses vertus que par sa
» beauté. Les jeunes gens du Poitou aspiraient à l'honneur d'obtenir
» sa main. Le cœur de la jeune fille, rempli des plus douces illu-
» sions, n'avait encore parlé pour aucun de ses nombreux pré-
» tendants.

» Un soir, au coucher du soleil, Aliénor, toute pensive, était
» accoudée à une des croisées du château, contemplant les char-
» mants paysages que forment la Vienne et les collines environ-
» nantes. Tout à coup le vent porte à ses oreilles des cris, des
» bruits d'armes, comme le retentissement d'un combat. Bientôt
» le son du cor de la sentinelle du donjon s'est fait entendre, le
» pont-levis s'abaisse, et dans la cour du château entrent des
» soldats portant un guerrier baigné dans son sang. Le seigneur,
» fidèle aux lois de l'hospitalité, s'avance pour le recevoir. Grand
» Dieu ! il a reconnu Georges Dandel, le fils de son meilleur ami,
» un des plus puissants seigneurs du Poitou. Le jeune chevalier

(1) Robert du Dorat, v. 29, p. 71, 265, 337.

» venait visiter l'ami de son père. A quelque distance du pont de
» la Vienne, au lieu appelé Descente-de-la-Justice, parce que c'était
» là que se dressaient les hideuses fourches patibulaires, il avait
» été subitement attaqué par un parti français qui tenait les
» champs, errandonnants, dit notre chroniqueur Froissard, ban-
» nières et penons venletants. Le jeune chevalier, après avoir
» fait des prodiges de valeur, était tombé frappé d'un coup de
» lance, et ses gens l'emportaient au château voisin.

» La blessure était profonde et dangereuse ; les soins les plus
» touchants lui furent prodigués. Aliénor veillait constamment
» au chevet du jeune malade. La convalescence fut longue, et
» Georges ne put de longtemps être ramené chez son père. Mais,
» lorsque ses forces commencèrent à se rétablir, il visitait, accom-
» pagné d'Aliénor, tantôt les rives de la Vienne aux flots argentés,
» tantôt les prairies émaillées de fleurs qu'arrose le Talbat aux nom-
» breux détours, tantôt les bosquets silencieux de la forêt qui
» s'étendait alors jusqu'au pied du donjon, tantôt, avec elle, il
» allait puiser les eaux minérales et salutaires à la source du val-
» lon (1). Les âmes du couple heureux ne tardèrent pas à se com-
» prendre ; ils se jurèrent une fidélité éternelle, et un prompt hymen
» devait mettre le comble à leur bonheur.

» Mais voici que les combats réclament le jeune guerrier. Son
» père le presse de venir le rejoindre. La séparation fut cruelle ;
» d'abondantes larmes furent versées. La guerre avait recommencé
» avec fureur. Du Guesclin avait déjà obtenu quelques avantages.
» Le père d'Aliénor, tourmenté par l'ambition, prête l'oreille aux
» propositions du roi de France. Il fait égorger la garnison an-
» glaise qui tenait le fort et le remet aux mains des Français.
» Puis il forme le projet de donner sa fille à un des plus puissants
» seigneurs de la contrée. Aliénor se jette en vain à ses pieds ; en
» vain elle le supplie de ne pas la contraindre d'épouser un homme
» qu'elle abhorre ; le père reste inflexible ; il part pour la cour du
» roi de France, et, à son retour, le mariage doit s'accomplir.

» Cependant les Anglais ne tardent pas à être informés de ce
» qui se passe au château de Mauléon. Douze cents lances sont

____

(1) Au pied de la colline d'où jaillit la fontaine Talbat, on trouve
plusieurs sources d'eau ferrugineuse que la science médicale pourrait
utiliser.

» confiées à Georges Dandel. Il brûle du désir d'arracher son
» amante aux mains de l'infâme qui veut la lui ravir. Déjà il en-
» toure la forteresse, il la presse de toutes parts. L'assaut est
» donné; les portes sont enfoncées; mais les Français, redoutant
» la vengeance de leurs ennemis, aiment mieux périr par les
» flammes que par le fer des Anglais. Ils mettent le feu à la forte-
» resse confiée à leur vaillance. Déjà s'embrase la tour où était
» Aliénor. Georges se précipite à travers l'incendie, et bientôt on
» l'entrevoit, au haut de l'édifice, tenant dans ses bras son
» amante évanouie. Puis des tourbillons de flammes et de fumée
» s'élèvent dans les airs, la tour s'écroule et tout a disparu à ja-
» mais. Dieu seul entendit leur prière et leur dernier soupir »

Château épiscopal.

A l'extrémité de l'angle dominant la fontaine Talbat a été
bâti par les évêques le château épiscopal dont la chapelle et la
façade présentent un des plus beaux monuments des temps anciens. La construction de ce magnifique édifice appartient incon-
testablement aux évêques; leur signature y est apposée. Dans
l'angle occidental de cette belle colonne est sculpté leur blason,
formé de la croix et de la crosse pastorale. Selon la tradition orale,
mais peu vraisemblable, car l'architecture de l'édifice accuse une
origine plus moderne, Pierre II, cette victime des extravagances
de Guillaume, comte de Poitiers, prince-troubadour, libertin, bel
esprit et railleur, tournant les actions de Dieu en risées et bouf-
fonneries, disent les chroniques du temps, fit élever ce monument pendant son exil au château de Chauvigny, où il mourut,
l'an 1115.

Exil de Pierre II.

Pour donner une idée des mœurs du temps, il n'est pas inutile
de raconter comment Pierre II fut exilé au château de Chauvigny.

Guillaume VIII avait enlevé la femme du vicomte de Châtellerault. Pierre II lui enjoint de la rendre à son mari : « Plustôt que
» cela advienne, répond le comte à l'évêque, tu courberas du pigne
» le poil de ton front en arrière » (parce qu'il avait les cheveux
de devant si rares, qu'il n'avait nul besoin de les pigner).

L'évêque indigné se prépare à lancer l'anathème. Guillaume accourt, menace le prélat de son glaive, s'il prononce l'excommunication. L'évêque feint d'être frappé de terreur ; il se tait en apparence, mais il achève à voix basse les paroles sacramentelles: puis, se tournant du côté du comte, il lui dit, en tendant le col : « Frappe, j'ai fini. » Mais Guillaume, que son caractère railleur n'abandonne jamais, lui réplique, en rengaînant son glaive : « Je ne t'aime pas assez pour t'envoyer en paradis. » Il préféra l'envoyer en exil au château de Chauvigny, d'où, après sa mort, son corps fut transporté dans l'abbaye de Saint-Cyprien de Poitiers.

Guillaume, apprenant que Pierre II était mort et qu'on le révérait comme un saint, dit en raillant, selon son habitude, qu'il était bien mortifié de ne lui avoir pas ouvert plus tôt les portes du ciel, parce qu'il lui en aurait su gré (1).

Talbatière.—Notre-Dame-de-Grâces.

Pendant son séjour au château de Chauvigny, le saint évêque donna ses soins à la réforme des mœurs. La corruption , quoi qu'en disent les éternels louangeurs des temps passés, *laudatores temporis acti*, était grande à cette époque. Le roi Philippe Ier avait enlevé Bertrade, femme du comte d'Anjou , et avait attiré sur lui et son royaume les foudres de l'excommunication. Par sa vie scandaleuse, le comte de Poitiers avait encouru les censures de l'Église. L'exemple est toujours contagieux , surtout quand il part de haut. A l'extrémité du coteau parallèle à la colline où s'élèvent les châteaux du vieux Chauvigny, sur le sommet de l'angle qui a reçu le nom de Talbatière, à cause de la fontaine Talbat qui coule à ses pieds, des femmes dissolues avaient fixé leur demeure. Des plates-formes et des fenêtres des châteaux, on pouvait voir et entendre ces sirènes corruptrices. Le scandale régnait dans la cité. Le saint prélat ne souffrit pas longtemps des désordres si contraires à la religion et aux bonnes mœurs. Il fit renfermer dans une maison de repentir, au nord de la ville, ces femmes dont la conduite était un scandal pour la morale publique. Le nom du lieu où elles furent cloîtrées, et qui s'appelle encore Notre-Dame-

____

(1) Bourgeois, v. 32, p. 114, *Histoire des évêques de Poitiers* ; Malmesbury, historien anglais.

de-Grâces, indique assez la destination de l'habitation qu'on leur avait assignée (1).

Du Guesclin s'empare de Chauvigny.

Tels étaient, sans y comprendre la tour de Flin, les quatre châteaux de Chauvigny. Cuvelier, trouvère du XIVe siècle, n'oublie pas d'en faire mention dans son poëme épique du vaillant chevalier Du Guesclin. En parlant des Français s'approchant de Chauvigny qu'ils voulaient reprendre sur les Anglais, il s'exprime ainsi :

> Quand virent Chauvigny où il y a bons fosséz
> Bonne ville y avait, se dit l'autoritéz,
> Et IIII grands châteaux, se dit l'autoritéz.
> Quant Français on vu les châteaux garitéz,
> Se dirent bellement l'un à l'autre secréz :
> A Dieu : où sommes-nous aujourd'hui arrivéz !
> D'un mauvais pas venons en un pleur entréz.

Et le trouvère de continuer sur ce même ton rhythmique avec une abondance de rimes désespérantes pour l'oreille du lecteur, pour peu qu'elle ne soit pas trop béotienne.

Cependant les trois mille lances que conduisait Du Guesclin ne tardèrent pas à s'emparer de ces formidables citadelles ; car, le troisième jour, les Anglais se rendirent à discrétion.

Révolution dans le système des siéges.

Ainsi était déjà passée l'époque où les forteresses ne tombaient au pouvoir des assiégeants que par surprise ou par famine, rarement par la force des armes Aux temps héroïques de la Grèce, le siége d'une ville de l'Asie-Mineure dure dix ans. Dans l'histoire ancienne, on voit un roi d'Égypte assiéger pendant vingt-neuf ans une forteresse située sur les frontières de son royaume, et, au moyen âge, Louis le Gros, dit le Batailleur, emploie ses armées royales et une partie de son règne à réduire le seigneur de Puiset, petit château fort entre Orléans et Etempes. Mais lorsque, dans les méditations profondes du cloître, un moine allemand eut pétri le salpêtre et inventé la poudre à canon, une révolution complète s'opère dans le système des siéges. La féodalité est frappée à mort

____
(1) Dom Fonteneau, v. 3, p. 616.

ainsi que la chevalerie, cette institution française toute d'enthou-
siasme et de dévoûment. Le gentilhomme couvert de fer, portant
brassards et cuissards, et son grand cheval de bataille, bardé de
lames d'acier, reçoivent des coups mortels comme le serf à pied,
vêtu de l'humble sayon gaulois et armé seulement de sa longue
arquebuse. Les vieux donjons crénelés des hauts et puissants barons croulent sous les globes de bronze que vomissent cent bou-
ches d'airain, comme la plus modeste demeure du plus pauvre des
vassaux.

Le maréchal de Saint-André bombarde les châteaux.

Aux luttes contre l'Angleterre succèdent les guerres religieuses.
Les châteaux de Chauvigny sont tour à tour assiégés, pris et repris
par les protestants et les catholiques. Des troupes irrégulières,
appelées Fourchières ou Fourangeaux, parce qu'elles étaient armées
de fourches, pillent la ville et s'établissent dans les châteaux (1).
Le maréchal de St-André les y assiége, bombarde les forts, s'en
empare et fait pendre quatorze huguenots (2). Charles IX, ce roi
de si triste et si odieuse mémoire, ordonne de lever une certaine
somme sur le clergé de Poitiers, afin d'entretenir cent arquebusiers
à cheval pour la garde et défense de Chauvigny (3).

Pour comble de malheur, les étrangers fomentent nos discordes
civiles et prennent part à nos luttes. Deux mille Espagnols, envoyés
au secours des ligueurs par Philippe II, ce démon du Midi, qui
voulait, disait-il, faire tinter les oreilles de la chrétienté du massacre des protestants, n'ayant aucun bagage, passent par Chauvigny, y restent depuis le trente avril jusqu'au six mai, désolent
fort le lieu, disent les chroniques de St-Savin, et, entre autres
choses, ne laissent rien dans les jardins (4).

(1) Dom Fonteneau, v. 25, p. 617.
(2) Dom Fonteneau, v. 25, p. 617; — v. 26, p. 647.
Le maréchal de St-André était cadet d'une illustre maison du Lyonnais.
Il s'éleva plus par la faveur que par le génie militaire. On l'accusait de
pillage et de concussion. Il se croyait tout permis pour réparer les brè-
ches que ses excès en tout genre faisaient à sa fortune. A la bataille de
Dreux, il fut renversé de cheval et tué à bout portant d'un coup de pis-
tolet.
(3) Dom Fonteneau, v. 2, p. 563.
(4) Dom Fonteneau, v. 25, p. 617.

Pendant cette période des guerres religieuses, les édifices consacrés au culte sont surtout l'objet de la fureur des protestants. Saint Martial, Saint-Pierre, Saint Léger et Saint-Just deviennent la proie des flammes. Mais Anglais, Espagnols et Français, catholiques et protestants, ligueurs et calvinistes ont tour à tour et comme à l'envi les uns des autres jonché le sol des débris de ses vieilles citadelles.

Étymologie de Chauvigny.

En remontant aux époques reculées qui ont précédé l'occupation romaine, ces lieux étaient inhabités ; toute la contrée était couverte de forêts. Dans la partie orientale, la Mareuil, grand bois dans le langage de nos pères, s'étendait jusqu'à la pente du mont où furent jetés les fondements de la mansion romaine, et, au nord, la forêt Talbat, qui ne se trouve plus que dans les anciens parchemins, garnissait de ses arbres séculaires les terres arides des Courlis. L'angle de la colline était stérile et dénudé ; nulle trace de végétation. Le sol était nu et dépouillé, comme l'est encore aujourd'hui le coteau qui domine la Vienne à l'occident des châteaux. Le sommet du mont apparaissait de loin comme une tête chauve. C'est à cause de cette ressemblance que la première construction qu'on y établit fut appelée *Calviniacum* ou *Calviacum*, de *calvus*, dont le substantif *calvities*, dans le sens métaphorique, signifie nudité d'un lieu dépourvu de végétation, et peut-être de *arx*, hauteur, sommet, et, par extension, citadelle, parce que, dans les temps anciens, les forteresses étaient bâties sur des hauteurs, comme l'Acropolis d'Athènes et la Sion de Jérusalem.

Poitiers. — Typ. de A. Dupré